I0019383

Lynda Sellami
Rachid Chelouah

Détection d'intrusion par agents mobiles

Lynda Sellami
Rachid Chelouah

Détection d'intrusion par agents mobiles

Éditions universitaires européennes

Impressum / Mentions légales

Bibliografische Information der Deutschen Nationalbibliothek: Die Deutsche Nationalbibliothek verzeichnet diese Publikation in der Deutschen Nationalbibliografie; detaillierte bibliografische Daten sind im Internet über http://dnb.d-nb.de abrufbar.

Alle in diesem Buch genannten Marken und Produktnamen unterliegen warenzeichen-, marken- oder patentrechtlichem Schutz bzw. sind Warenzeichen oder eingetragene Warenzeichen der jeweiligen Inhaber. Die Wiedergabe von Marken, Produktnamen, Gebrauchsnamen, Handelsnamen, Warenbezeichnungen u.s.w. in diesem Werk berechtigt auch ohne besondere Kennzeichnung nicht zu der Annahme, dass solche Namen im Sinne der Warenzeichen- und Markenschutzgesetzgebung als frei zu betrachten wären und daher von jedermann benutzt werden dürften.

Information bibliographique publiée par la Deutsche Nationalbibliothek: La Deutsche Nationalbibliothek inscrit cette publication à la Deutsche Nationalbibliografie; des données bibliographiques détaillées sont disponibles sur internet à l'adresse http://dnb.d-nb.de.

Toutes marques et noms de produits mentionnés dans ce livre demeurent sous la protection des marques, des marques déposées et des brevets, et sont des marques ou des marques déposées de leurs détenteurs respectifs. L'utilisation des marques, noms de produits, noms communs, noms commerciaux, descriptions de produits, etc, même sans qu'ils soient mentionnés de façon particulière dans ce livre ne signifie en aucune façon que ces noms peuvent être utilisés sans restriction à l'égard de la législation pour la protection des marques et des marques déposées et pourraient donc être utilisés par quiconque.

Coverbild / Photo de couverture: www.ingimage.com

Verlag / Editeur:
Éditions universitaires européennes
ist ein Imprint der / est une marque déposée de
AV Akademikerverlag GmbH & Co. KG
Heinrich-Böcking-Str. 6-8, 66121 Saarbrücken, Deutschland / Allemagne
Email: info@editions-ue.com

Herstellung: siehe letzte Seite /
Impression: voir la dernière page
ISBN: 978-3-8381-8274-2

Copyright / Droit d'auteur © 2013 AV Akademikerverlag GmbH & Co. KG
Alle Rechte vorbehalten. / Tous droits réservés. Saarbrücken 2013

SOMMAIRE

Introduction

L 'Internet actuellement fait partie de la plupart de la popularité, ceci grâce aux multiples services qu'elle fournie (messagerie électronique, commerce électronique, recherche d'informations, publications,etc.) ; De plus, la simplicité d'accès par un grand nombre d'utilisateurs fait ressortir un grand problème de sécurité. Ces problèmes de sécurité sont dû soit aux utilisateurs malintentionnés ou bien à des vrais attaquants, ce qui fait de la sécurité d'un réseau informatique un point crucial, cependant, les organisations sont peut ou pas protégées contre les attaques sur leurs réseau ou sur les hôtes des réseaux.

La détection d'intrusions consiste à découvrir ou identifier l'utilisation d'un système informatique à d'autres fins que celles prévues. C'est une technique à multiples facettes, difficile à cerner lorsqu'on ne les manipule pas. Cependant, la plupart des travaux effectués dans ce domaine restent difficiles à comparer. On peut rarement mettre deux modèles sur un même pied d'égalité, et il est peu aisé de mettre à l'épreuve plusieurs modèles, ou encore d'en développer d'autres radicalement différents sans tout reconstruire.

La détection d'intrusion sera placée parmi les autres techniques anti-intrusions. Ensuite, un approfondissement sera effectué sur cette technique. Plusieurs domaines comme les réseaux de neuronaux, les systèmes multi-agents ou encore le data-mining sont rapprochés de cette technique.

La technologie agent aura un rôle de plus en plus important à jouer dans les télécommunications grâce à leurs propriétés, notamment, d'autonomie, d'intelligence et/ou de mobilité, ainsi dans la sécurité qui est la détection d'intrusion.

Dans ce contexte, nous avons identifié un certain nombre de domaines d'application des agents dans les réseaux.

Pour mener à terme notre travail et afin de rendre notre démarche compréhensible, nous avons opté pour structurer le présent travail de la façon suivante :

Le premier chapitre intitulé : **"Généralités sur les systèmes de détection d'intrusion "**, consacré à un bref aperçu sur la détection d'intrusion avec un tour sur son historique, sa définition, son principe, les limites actuelle de la détection, et on a clôturé le chapitre par une conclusion qui nous introduit au chapitre suivant.

Le second chapitre intitulé : **"*Présentation de la technologie d'agent mobile* "**, pose le principe de la technologie d'agent mobile. On a commencé par une introduction, l'origine de la technologie d'agent, une définition rigoureuse, en passant par les propriétés, avantages et les inconvénients des agents mobile, arrivant aux familles d'agent, ainsi qu'une présentation du paradigme d'agent mobile et enfin une étude comparative des plate-formes d'agent existantes. Et on a clôturé le chapitre par une conclusion qui nous introduit au chapitre suivant.

Le troisième chapitre intitulé : **"*La plate_forme Aglet*"** peut être considéré comme une référence à tous ceux qui veulent entamer la programmation des agents mobile avec la plate-forme Aglets. L'architecture de la plate-forme est bien expliquée : le cycle de vie d'une Aglet, l'environnement d'exécution, les mécanismes de communication intra et inter agent et la politique de sécurité adoptée. Suivie d'une conclusion récapitulative.

Enfin le **quatrième chapitre** présente une réalisation de tous ce qu'on a vue dans ce présent mémoire, est une présentation de l'application, qui est prototype d'un agent mobile pour la détection d'intrusion dans un réseau qu'on intitulé **"*AgentIDS*"**.

Cet ouvrage est aussi porteur d'une bibliographie et d'une Webiliographie ayant servi à la réalisation de notre travail.

Chapitre I: Généralité sur les systèmes de détection d'intrusion

I.1 Introduction

La sécurité des systèmes d'information vise à garantir la *confidentialité*, l'*intégrité* et la *disponibilité* des services. C'est une tâche difficile, tout particulièrement dans un contexte de connectivité croissante.

Pour améliorer la sécurité, il faut mettre en place des mécanismes, d'une part pour assurer que seules les personnes autorisées peuvent consulter ou modifier des données, d'autre part pour assurer que les services peuvent être rendus correctement.

Dans cette partie, on va exposer ce qui est une *détection d'intrusion* son importance, les approches de la détection son principe ainsi que ses limites passant par une définition.

I.2 Historique

Le concept de système de détection d'intrusions a été introduit en 1980 par *James Anderson* . Mais le sujet n'a pas eu beaucoup de succès. Il a fallu attendre la publication d'un modèle de détection d'intrusions par *Denning* en 1987 pour marquer réellement le départ du domaine.

I.3 Insuffisances des mécanismes de sécurité classiques

La sécurité est l'ensemble des moyens (matériels et logiciels) mis en place pour minimiser la vulnérabilité d'un système contre les menaces accidentelles ou intentionnelles, pour cela il faut mettre en place des mécanismes qui assurent ça :
- ✓ Protection physique des équipements.
- ✓ Authentification et contrôle d'accès.
- ✓ Utilisation d'outils d'analyse automatique des vulnérabilités du système.
- ✓ Installation d'un pare-feu pour réduire les possibilités d'attaque à distance.
- ✓ Audit de sécurité et détection d'intrusions.

I.4 Définitions

Tout d'abord, quelques définitions :
- ✓ **Système informatique :** On appelle *système informatique* une ou plusieurs machines mises à la disposition de zéro, un ou plusieurs utilisateurs légitimes pour toutes sortes de tâches.
- ✓ **Intrusion :** On appelle *intrusion* toute utilisation d'un système informatique à des fins autres que celles prévues, généralement dues à l'acquisition de privilèges de façon illégitime. L'intrus est généralement vu comme une personne étrangère au système informatique qui a réussi à en prendre le contrôle, mais les statistiques montrent que les utilisations abusives (du détournement de ressources à l'espionnage industriel) proviennent le plus fréquemment de personnes internes ayant déjà un accès au système.
- ✓ **Mécanisme d'audit :** On appelle *mécanisme d'audit* toute partie de code du système informatique dont le but est de reporter des informations sur les opérations qu'il lui est demandé d'accomplir.

✓ **Journal d'audit :** On appelle *journal d'audit* l'ensemble des informations générées par les mécanismes d'audit.
✓ **Détection d'intrusions :** La détection d'intrusions consiste à analyser les informations collectées par les mécanismes d'audit de sécurité, à la recherche d'éventuelles attaques. Bien qu'il soit possible d'étendre le principe, on ce concentrera sur les systèmes informatiques. Les méthodes de détection d'intrusion diffèrent sur la manière d'analyser le journal d'audits.

I.5 La détection d'intrusions

L'audit de sécurité est un mécanisme intégré aux systèmes d'exploitation et à toutes les grandes catégories d'applications. Il permet d'enregistrer tout ou partie des actions effectuées sur le système. Une analyse ultérieure des informations enregistrées doit permettre de détecter d'éventuelles intrusions. Cette analyse est appelée *détection d'intrusions*.

Il n'est pas envisageable de faire cette détection manuellement car la recherche d'actions suspectes se fait dans d'immenses volumes de données. Il a donc fallu trouver des méthodes et développer des outils pour analyser automatiquement les traces d'audit.

I.5.1 Principes de détection

Les deux approches qui ont été proposées à ce jour sont l'approche *comportementale* et l'approche par *scénarios*.
La première se base sur l'hypothèse que l'on peut définir un comportement "normal" de l'utilisateur et que toute déviation par rapport à celui-ci est potentiellement suspecte.
La seconde s'appuie sur la connaissance des techniques employés par les attaquants : on en tire des scénarios d'attaque et on recherche dans les traces d'audit leur éventuelle survenue.

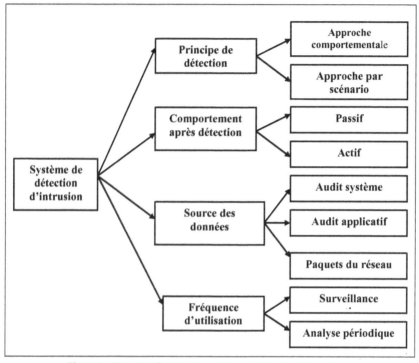

Figure 1 : *Une classification des systèmes de détection d'intrusions*

I.5.2 L'approche comportementale

Le comportement normal d'un utilisateur ou d'une application (profil) peut être construit de différentes manières. Le système de détection d'intrusions compare l'activité courante au profil. Tout comportement déviant est considéré intrusif. Parmi les méthodes proposées pour construire les profils, les plus marquantes sont les suivantes :

✓ **Méthodes statistiques** : Le profil est calculé à partir de variables considérée comme aléatoires et échantillonnées à intervalles réguliers. Ces variables peuvent être le temps processeur utilisé, la durée et l'heure des connexions, etc. Un modèle statistique (ex : covariance) est alors utilisé pour construire la distribution de chaque variable et pour mesurer, au travers d'une grandeur synthétique, le taux de déviation entre un comportement courant et le comportement passé. *L'outil NIDES utilise, entre autres, cette méthode.*

✓ **Systèmes experts** : Ici, c'est une base de règles qui décrit statistiquement le profil de l'utilisateur au vu de ses précédentes activités. Son comportement courant est comparé aux règles, à la recherche d'une anomalie. La base de règles est rafraîchie régulièrement. *L'outil Wisdom&Sense utilise cette méthode.*

4

✓ **Réseaux de neurones** : La technique consiste à apprendre à un réseau de **neurones** le comportement normal d'un utilisateur. Par la suite, lorsqu'on lui fournira les actions courantes, il devra décider de leur normalité. *L'outil Hyperview comporte un module de ce type et plusieurs travaux de recherche vont dans le même sens.* Cette méthode reste prometteuse, mais n'est pas encore industrialisée.

✓ **Immunologie** : Cette analogie informatique de l'immunologie biologique a été proposée par ***Forrest*** . Il s'agit de construire un modèle de comportement normal des services réseaux Unix (et non un comportement normal d'utilisateurs). Le modèle consiste en un ensemble de courtes séquences d'appels système représentatifs de l'exécution normale du service considéré. Des séquences d'appels étrangères à cet ensemble sont alors considérées comme la potentielle exploitation d'une faille du service.

L'approche ***comportementale*** permet de détecter des attaques inconnues auparavant ainsi que les abus de privilèges des utilisateurs légitimes du système. Par ***contre***, le comportement de référence n'étant jamais exhaustif, on s'expose à des risques de fausses alarmes (faux positifs). De ***plus***, si des attaques ont été commises durant la phase d'apprentissage, elles seront considérées comme normales (risque de faux négatifs).

I.5.3 L'approche par scénario

Des scénarios d'attaques sont construits et l'analyse des traces d'audit se fait à la recherche de ces scénarios. Les méthodes proposées à ce jour et à cet effet sont les suivantes :

✓ **Systèmes experts** : Le système expert comporte une base de règles qui décrit les attaques. Les événements d'audit sont traduits en des faits qui ont une signification sémantique pour le système expert. Son moteur d'inférence décide alors si une attaque répertoriée s'est ou non produite. *Les outils récents ne l'utilisent plus.*

✓ **Algorithmes génétiques** : *L'outil GASSATA utilise des algorithmes génétiques pour rechercher des attaques dans des traces d'audit.* Chaque individu de la population code un sous-ensemble particulier d'attaques qui sont potentiellement présentes dans les traces d'audit. La valeur d'un individu est proportionnelle au degré de réalisme de l'hypothèse qu'il code, au vu du fichier d'audit.

✓ ***Pattern matching*** : Il s'agit là de la méthode la plus en vue actuellement. Des signatures d'attaques sont fournies, à des niveaux sémantiques divers selon les outils (de la suite d'appels système aux commandes passées par l'utilisateur). Divers algorithmes sont utilisés pour localiser ces signatures dans les traces d'audit . *Les outils IDIOT , Stalker, Realsecure ou NetRanger utilisent cette méthode.*

On peut voir ***deux inconvénients*** à cette approche : on ne peut détecter que des attaques connues *et* il faut remettre à jour la base de scénarios d'attaque très souvent.

I.5.4 Comportements en cas d'attaque détectée

Une autre façon de classer les systèmes de détection d'intrusions, consiste à voir quelle est leur réaction lorsqu'une attaque est détectée. Certains se contentent de déclencher une alarme (réponse ***passive***) alors que d'autres prennent des mesures correctives (réponse ***active***).

La plupart des systèmes de détection d'intrusions n'apportent qu'une réponse passive à l'intrusion. Lorsqu'une attaque est détectée, ils génèrent une alarme en direction de l'administrateur système par émail, message dans une console, voire même par beeper. C'est lui qui devra prendre les mesures qui s'imposent.

	Avantages	Inconvénients
Comportementale	Détection d'intrusion inconnue possible.	Choix délicat des mesures à retenir pour un système cible donné. Pour un utilisateur au comportement erratique, toute activité est "normale". En cas de profonde modification de l'environnement du système cible, déclenchement d'un flot ininterrompu d'alarmes (faux positifs). Utilisateur pouvant changer lentement de comportement dans le but d'habituer le système à un comportement intrusif (faux négatifs).
Par scénarios	Prise en compte des comportements exacts des attaquants potentiels.	Base de règles délicate à construire. Seules les attaques contenues dans la base sont détectées.

Approche comportementale ou approche par scénarios

Si le système est plus sophistiqué (et surtout plus récent), il peut prendre automatiquement des mesures pour empêcher ou stopper l'attaque en cours. Par exemple, il coupera les connexions suspectes ou même (pour une attaque distante) reconfigurera le pare-feu pour qu'il refuse tout ce qui vient du site incriminé. Il pourra également prévenir l'administrateur. *L'outil RealSecure utilise cette approche.*

I.6 Les limites actuelles de la détection d'intrusions

On a déjà évoqué les inconvénients inhérents à chaque approche de la détection d'intrusions. Tout outil implémentant une approche présente bien sûr les inconvénients de cette approche.

Les systèmes de détection d'intrusions(IDS) actuels sont trop fermés, ce qui limite, d'une part les possibilités de comparaison de performance, d'autre part les possibilités de coopération. Pourtant, diverses initiatives tendent à résoudre ce problème. Ainsi le groupe de *travail Common Intrusion-Detection Framework* (CIDF) vise à définir un standard d'interopérabilité entre outils. Par ailleurs, l'IETF a créé récemment un autre groupe, *Intrusion Detection Working Group* (IDWG), qui vient de commencer ses travaux.

Bien que le but principal des outils soit de détecter des intrusions afin de s'en protéger, un but annexe pourrait être de fournir des preuves lorsque des poursuites en justice sont envisagées .

Au delà de ces deux limites, il y a plus grave. les systèmes de détection d'intrusions actuels peuvent être mis en défaut, soit parce qu'ils sont incapables de détecter certains types d'attaque, soit parce qu'ils sont eux-mêmes attaquables.

I.6.1 Attaques non détectables

Comme on l'a mentionner, certains systèmes récents permettent de prendre automatiquement des contre-mesures. Un attaquant suffisamment doué peut effectuer une attaque qui aura l'air de provenir d'une machine du réseau interne. L'outil coupera alors les connexions avec la machine incriminée, ce qui constitue un ***déni de service***.

Un autre type d'attaque met en défaut tous les outils actuels : plusieurs personnes effectuent une attaque distribuée conjointe à la cadence d'une action toutes les quelques heures. La distribution et la lenteur de l'attaque la fait passer inaperçue.

Les outils basés réseau présentent quant à eux des faiblesses intrinsèques :

- ✓ Ceux qui surveillent en temps-réel le trafic sont incapables de suivre les débits des réseaux frame relay ou ATM.
- ✓ Une attaque consiste à envoyer des paquets altérés. Certains des paquets ne sont pris en compte que par une des deux machines, celle sur laquelle tourne l'outil de détection ou celle attaquée. Ainsi l'outil n'analyse pas réellement ce qui est vu par la machine cible.

I.6.2 Attaque des outils eux-mêmes

Les outils de détection d'intrusions peuvent eux-mêmes être la cible d'attaques les rendant inopérants sur un ou plusieurs aspects. L'attaque réelle passera ensuite inaperçue. Chacun des composants peut être attaquée : le module qui fournit les données à analyser (système d'audit ou autres), le module d'archivage, l'éventuel module de contre-mesures, le module d'analyse :

- ✓ Si on réussit à empêcher l'arrivée des données en entrée, la détection d'intrusions s'arrête, bien sûr.

- ✓ Si le dispositif d'archivage peut être compromis, alors on ne peut assurer, ni l'enregistrement effectif des détails d'une attaque, ni son intégrité.

✓ Si le module de contre-mesures est mis hors-service, alors l'attaque peut continuer puisque l'outil est incapable de réagir. Il n'y a que l'administrateur (s'il est présent) qui puisse agir après notification de l'intrusion.

✓ Le module d'analyse peut être mis à bout de ressources. En déterminant ce qui demande le plus de ressource à l'outil, un attaquant peut le surcharger avec des activités inutiles. Une autre manière de faire consiste à forcer l'outil à allouer toute la mémoire dont il dispose pour analyser des actions sans intérêt. Pour continuer à tourner, il sera amené à libérer de la mémoire en cessant, par exemple, la surveillance de connections restées inactives depuis longtemps. Toute attaque sur l'une d'entre elles restera indétectée. Enfin, si on réussit à faire consommer à l'outil tout son espace disque pour des activités sans importance, il ne pourra plus stocker les événements intéressants. Il n'y aura donc pas de traces d'une intrusion ultérieure.

I.7 Conclusion

Dans cette partie, on a montré que la détection d'intrusions dans les réseaux ne vient pas concurrencer les mécanismes de sécurité traditionnels mais, au contraire, les compléter. Même si on ne peut pas atteindre la sécurité absolue, on veut au moins pouvoir détecter l'intrusion afin d'y remédier. On a également présenté les principes mis en œuvre par les systèmes de détection d'intrusions pour atteindre leur but. Finalement, on a vu que de nombreux problèmes restent à résoudre avant que la détection d'intrusions soit fiable.

Cette technologie n'est pas encore arrivée à maturité et les outils existants ne sont pas toujours à la hauteur des besoins. Certaines approches théoriques doivent encore être validées dans la pratique. De nouvelles approches demandent encore à être approfondies comme l'immunologie ou les systèmes basés *agents* .

Chapitre II: Présentation de la technologie d' Agents Mobiles

II.1   Introduction

Bien que le concept d'agents intelligents ne soit pas vraiment nouveau, une nouvelle génération d'agents de type que l'on qualifie d'agents mobiles est en cours de développement.

Ces agents peuvent servir à nous assister dans nos tâches d'administration quotidiennes. Ils filtrent par exemple les Emails, partent à la recherche de virus, détectent les intrusions dans les réseaux, en bref effectuent les opérations d'administration de base sans plus d'intervention humaine. Ils peuvent communiquer entre eux, analyser l'information qu'ils recueillent et avertir le cas échéant l'administrateur du réseau. Et dans cette partie on vas évoquer tous ces concepts et autres d'avantages.

II.2   Les origines

Pendant longtemps a été défini le terme d'*agent* dans les réseaux mais cette définition fait référence à une portion de code qui s'exécute sur l'élément réseau (Network Element) plutôt qu'à une fonctionnalité avancée pour l'administration de réseaux basée sur les agents intelligents et mobiles. Les agents de type Snmp ou Cmip ne sont que des mini-logiciels qui collectent et enregistrent les informations des équipements réseaux et les communiquent, sur requête, à la station d'administration par le biais des protocoles Snmp ou Cmip.

Au contraire, le concept d'agents intelligents pour l'aide à l'administration suppose que les agents sont suffisamment autonomes pour limiter l'intervention humaine dans les choix d'administration.

II.3   Définition

Tout d'abord, commençons par préciser quelques termes importants :

✓ **Agent informatique :** Est défini de manière informelle comme un programme qui peut exercer une autorité, travailler en autonomie, et rencontrer et interagir avec d'autres agents. Un agent informatique contient le code et l'information d'état nécessaire à un calcul donné. Il a besoin d'une plate-forme mettant à disposition un environnement où il pourra s'exécuter. Un agent peut être statique ou mobile.

✓ **Agent statique :** Les agents stationnaires demeurent solidaires d'une seule plate-forme,

✓ **Agent mobile :** Les agents mobiles peuvent suspendre leur exécution sur une plate-forme et se déplacer sur une autre où ils reprennent leur exécution. Les agents mobiles sont un modèle récent de calcul distribué.

Un agent mobile est un agent qui peut se déplacer sur un réseau hétérogène sous son propre contrôle. Ce type d'agent est très utile pour surpasser les faiblesses de la connexion, mais des problèmes de sécurité reste à résoudre.

La technologie des agents mobiles a bénéficié du travail effectué dans le domaine des *agents intelligents* et du développement de plate-formes capables de gérer du code mobile dans un réseau hétérogène.

II.4 Propriétés des agents mobiles

✓ **Surmonter la latence du réseau:** Les agents mobiles sont envoyés dans la zone d'activité, afin d'entreprendre des actions sur place. Cela leur permet de répondre en temps réel à des changements dans leur environnement. En plus de détecter et de diagnostiquer des intrusions, les agents mobiles peuvent aussi répondre aux attaques. Typiquement, ils peuvent collecter de l'information locale sur une attaque, stopper ou isoler un système victime d'une attaque, ou encore pister une attaque.

✓ **Réduire la charge du réseau:** Plutôt que de transférer les données à travers le réseau, les agents mobiles sont envoyés sur la machine où résident les données. Ainsi, c'est le calcul qui va aux données et non les données au calcul. Ceci permet de réduire la charge du réseau.

✓ **S'exécuter de manière autonome et asynchrone:** Dans des systèmes distribués étendus, la capacité du système, alors que des portions sont détruites ou isolées, est essentielle. Les agents mobiles existent et fonctionnent indépendamment de leur plate-forme d'origine.

✓ **S'adapter dynamiquement:** La capacité des systèmes d'agents mobiles à percevoir leur environnement et à réagir aux changements, est très utile pour la détection d'intrusion. Les agents peuvent migrer vers des régions plus appropriées, se cloner pour introduire de la redondance et du parallélisme, ou solliciter l'aide d'autres agents. Ceci contribue aussi dans la mise au point d'un système robuste et tolérant aux pannes.

✓ **Etre indépendant de la plate-forme:** Un système d'agents propose un environnement abstrait de calcul, indépendant de la plate-forme matérielle et logicielle sur laquelle il s'exécute. Cela permet un déplacement sans entrave des agents à l'intérieur d'un domaine. Les mécanismes de réponse en bénéficie en particulier, car la détection d'une intrusion peut ainsi être suivie d'une réponse provenant de n'importe quel endroit du réseau.

II.5 Avantages (Caractéristiques) des agents mobiles

Un agent est généralement défini comme un système informatique logiciel qui répond aux propriétés suivantes :

✓ **La mobilité :** la capacité d'un agent à se déplacer dans un réseau informatique entre les machines .

✓ **La véracité :** la conjecture selon laquelle un agent ne communique pas de mauvaises informations sans le savoir.

✓ **Le bénévolat :** la conjecture selon laquelle les agents n'ont pas de buts incompatibles, et que chaque agent essaiera de faire ce qu'on attend de lui.

✓ **La rationalité :** la conjecture selon laquelle un agent agira de sorte à atteindre ses objectifs, au moins dans la limite de ses convictions.

✓ **Autonomie :** les agents opèrent sans intervention directe d'être humain ou autre, et ont un certain contrôle sur leurs actions et leur état interne.

✓ **Comportement social :** les agents interagissent avec d'autres agents (éventuellement humains) via une sorte de langage de communication agent.

✓ **Réactivité :** les agents perçoivent leurs environnements qui peuvent être le monde physique, un utilisateur via une interface graphique, une collection d'autres agents, l'Internet ou même tous à la fois ; et répondent aux changements qui apparaissent.

- ✓ **Comportement intentionnel :** les agents n'agissent pas simplement en réponse à leur environnement, ils sont capables d'avoir un comportement dirigé vers un but et de prendre des initiatives.
- ✓ **Adaptation Dynamique:** La capacité pour les systèmes d'agent mobile de sentir leur environnement et réagir aux changements qui est utiles dans la découverte de l'intrusion. Les agents peuvent se déplacer pour gagner mieux ou évitez le danger.
  Les agents peuvent ajuster aussi aux situations favorables aussi bien que défavorables.
- ✓ **Indépendance par rapport à la Plate-forme:** Les systèmes d'agent fournissent un environnement de l'informatique abstrait pour les agents, indépendant du matériel informatique et logiciel sur qu'il exécute.

II.6 Inconvénients des agents mobile

- ✓ Ils imposent une utilisation des ressources comme tous les IDS.
- ✓ L'entraînement des agents prend du temps, et ils peuvent être corrompus.
- ✓ **Sécurité :** la sécurité du code mobile est moins grande par les techniques de sécurité classiques.
- ✓ **Performance :** il faut voir la rapidité avec laquelle l'agent détecte et remonte l'information d'intrusion.
- ✓ **Taille du code :** les IDS sont complexes et les agents risquent de demander d'assez gros programmes.
- ✓ **Manque de connaissance de base :** beaucoup de plates-formes et de configurations différentes.
- ✓ **Exposition limitée :** il faudra adapter certaines structures à cette technologie.
- ✓ **Difficultés de codage et de déploiement :** il faudra un code sûr pour beaucoup de fonctionnalité.

Il y a d'autres *inconvénients* : quand les agents se déplacent, un nœud dépourvu d'agent est vulnérable pendant un moment. De plus, si les agents ont besoin d'un apprentissage, ce temps peut être long. Enfin, certains attaquants réussiront toujours à obtenir des droits pendant quelques temps avant d'être détectés.

II.7 La vulnérabilité de la sécurité

Les menaces de la sécurité pour l'agent mobile qui calcule le paradigme peuvent être classées dans **quatre catégories générales :**
l'agent à - agent, agent à - plate-forme, plate-forme à - agent, et autre à - plate-forme.

- ✓ **La catégorie agent - à - agent** représente l'ensemble de menaces dont les agents exploitent le weaknesses de la sécurité d'où ils lancent des attaques contre autre agents qui résident sur la même plate-forme de l'agent.
- ✓ **La catégorie agent - à - plate-forme** représente l'ensemble de menaces dont les agents exploitent le weaknesses de la sécurité d'où ils lancent des attaques contre une plate-forme de l'agent où ils résident.
- ✓ **La catégorie plate-forme - à - agent** représente l'ensemble de menaces dont les plates-formes de l'agent compromettent la sécurité d'agents qui résident là.
- ✓ **Catégorie autre -à - plate-forme** représente l'ensemble de menaces dont les entités externes, y compris agents et plates-formes de l'agent situées sur le réseau ailleurs, menacent la sécurité d'une plate-forme de l'agent, inclure son étant sous le service du système d'exploitation et communications du réseau.

II.8   Les famille d'agents

Il est possible d'identifier au moins quatre familles d'agents :

II.8.1   Les agents de gestion de profils

C'est des agents capables d'optimiser la recherche d'information et la veille sur l'Internet. Leurs rôle consiste à rechercher, manipuler et surveiller l'information issue de différentes source. En générale, ils réagissent en fonction de renseignement fournis par l'utilisation(l'apprentissage) et peuvent lui suggérer des actions à entreprendre(la collaboration)

II.8.2   Les interfaces intelligents

Possèdent une capacité d'autonomie et disposent également d'une certaine capacité d'apprentissage, ces interfaces intelligente coopèrent davantage avec l'utilisateur plus tôt qu'avec d'autre agents
Ils sont définies comme des assistants personnels capables de collaborer avec l'utilisateur dans le même espace de travaille.

II.8.3   Le vrai agent intelligent

L'ensemble de ses attributs est doté d'une autonomie, il peut décider de partir sur un réseau (Internet ou autres) et éventuellement d'interagir et de collaborer avec d'autre agents dont le bute de ramener des informations pertinentes et fiable. Malheureusement, un tel agent n'a pas encore vu le jours.

II.8.4   Les agents mobiles

Leurs principale caractéristique demeure dans leurs capacité de déplacement sur les réseaux informatiques, afin d'accomplir de taches précises indépendamment de l'utilisateur.

II.9   Le paradigme d'Agent mobile

La mobilité du code n'est pas un nouveau concept, plusieurs mécanismes ont été conçus et mis en application pour déplacer le code entre les nœuds d'un réseau(requêtes SQL, Applets,…).
Mais c'est quoi un agent mobile ?

II.9.1   Définition

Un agent mobile est un processus, incluant du code et des données et éventuellement un état d'exécution, pouvant se déplacer entre des machines pour réaliser une tache.

II.9.2   Le code de l'agent

Donc un agent est composé de son *code* correspondant à des algorithmes.

II.9.3   L'état d'un agent

Un *état* incluant des données. Cet *état* peut évoluer en cours d'exécution.
Le code et l'état de l'agent sont déplacés avec l'agent lorsque celui-ci visite les différents serveurs.

II.9.4   Plate-forme d'agent mobile

Un système d'agent mobile est l'infrastructure qui implémente cette technologie.

Chaque site qui veut jouet le rôle d'un support pour l'exécution, la communication, la migration et la gestion de la sécurité doit fournir un environnement convenable, c'est le *serveur d'agent*.

Mais comme l'agent peut s'exécuter sur des machine hétérogène ayant des système d'exploitation différents, le code de l'agent doit être portable, de ce fait il et préférable que le système d'agent soit implémenté un langage de programmation interprété qui fournit une machine virtuelle pour l'exécution du code de l'agent.

Donc un système d'agent doit :

✓ Offrir un environnement où les agent peuvent s'exécuter.
✓ Offrir des primitive de migration volontaire des agents.
✓ Supporter la communication entre les agents locaux et distants et avec l'environnement.
✓ Permettre l'accès aux ressources locales pour des agents spéciaux selon une politique de sécurité.

1. **L'environnement d'exécution**

Pour pouvoir s'exécuter sur un hôte, un agent doit être admis et des ressources doivent lui être allouées. Donc tout hôte qui accueille des agents doit fournir un environnement d'exécution qui permet :

✓ **Récupération d'un agent**

Lorsqu'un agent arrive à une machine, un événement indiquant son arrivée est généré pour prendre en charge la procédure d'initialisation et d'activation de cet agent.

✓ **L'activation du code de l'agent arrivée**

Une fois l'agent et arrivé, toute une série d'opération doit être effectuée commençant par le chargement de l'agent jusqu'au lancement effectif de son exécution.

✓ **La gestion des erreurs**

Une bonne gestion des erreurs permet d'avoir un système robuste, stable et tolérant aux fautes. Il y a plusieurs sorte d' erreurs :

a. Les erreurs (exceptions) liées à l'environnement d'exécution :

- Code inacceptable par le hôte.
- Arrêt inattendu du hôte(serveur).
- Encombrement ou bien la surcharge du hôte.

b. Les erreur (exceptions) liée à l'agent

- Disparition d'un agent.
- Modification du code ou des données d'un agent.
- Les erreurs liées au réseau de communication.
- La rupture de connexion.
- La surcharge du trafic sur les réseaux.

✓ **L'interface utilisateur**

A travers cette interface l'utilisateur peut configurer la politique de sécurité de son serveur ; crier, activer, désactiver et détruire des agents, en plus il peut avoir des informations sur tous les agent accueillis par

13

son serveur et les informations concernant le serveur lui même et éventuellement, des information sur des serveurs voisins.

✓ **Définir une manière pour gérer les événements**

La gestion des événement est un concept capitale dans le systèmes informatiques modernes. Dans un système d'agent, elle consiste à mette en place un mécanisme qui permet d'écouter des notifications générées par les agents ou par le serveur et de réponse à ces notifications en fonction de leurs types.

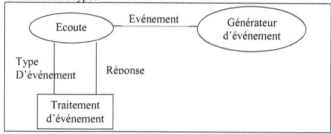

Figure 2 : Modèle de gestion d'événement

2. La mobilité de l'agent

L'aspect le plus intéressent dans les systèmes d'agents mobiles est la possibilité des agent de se promener dans le réseau, autrement dit c'est l'agent qui détermine quand, et oŭ se déplace.

✓ **Type de mobilité**

On distingue deux types de mobilités :

a. La faible mobilité

Ce type de mobilité consiste à transférer les données et le code de l'agent seulement.

Le transfère des donnée est simple, mais en ce qui concerne le transfère du code, le système d'agent doit fournir un support pour réaliser cette opération.

b. La forte mobilité

Le problème qui se pose dans la mobilité faible est la difficulté de la capture de l'état de l'agent, c'est à dire comment transférer en plus des données et du code l'état de l'exécution qui est : *le compteur ordinal, l'ensemble des fichier ouvert, la pile des appel,...etc.* on parle dans ce cas de la *"transparence de mobilité"*

✓ **Nature de mobilité**

Selon le degré de mobilité des ressources, on distingue trois sortes des ressources :

1. Ressource non mobile c'est une ressource qui ne peut pas se déplacer d'un site à un autre(attacher à son site).
2. Ressource copiable : on peut faire une copie.
3. Ressource déplaçable : c'est une ressource qui peut se déplacer d'un site à un autre.

✓ **L'opération de migration de l'agent**

Durant son exécution, l'agent décider qu'il et nécessaire de se déplacer sur un autre serveur dans le réseau, donc, il fait appel à une primitive de migration, le serveur d'agent doit suspendre l'exécution d'agent, capturer ses données et éventuellement son état d'exécution, assembler le tous dans un format standard et l'envoyer à sa destination.

3. La communication dans les plate-formes d'Agents Mobiles

Dans tous les systèmes distribués, la communication entre ses composantes est une question très importante. Un système d'agent mobile ne fait aucune exception dans cette règle. De plus, les système à agent mobile ne peuvent pas être imaginé sans communication.

Un agent a besoin de communiquer avec son propriétaire, avec d'autre agents locaux ou à distance, ou avec des service disponibles au niveau du serveur.

La communication avec le propriétaire identifié dans les attributs de l'agent qui doit être asynchrone.

Dans le cas de la communication avec un agent distant, le choix entre la communication distante et la migration sur le site distant est un problème complexe(compromis entre le coût de communication et le coût de migration) dont la résolution est laissée au programmeur dans les système actuelles.

✓ **Mécanismes de communications entre agent**

Pour communiquer, les agents doivent se mettre d'accord sur une approche de convocation commune.

Il existe plusieurs mécanismes de communications inter-agents. On peut citer :

- Communication par envoi de message.
- Invocation de méthodes : un agent peut invoquer d'une manière sécurisée les méthodes d'un autre agent.
- Partage de données pour échanger des information.
- Traitement des événement : les événements sont utilisés comme des messages asynchrone.

Une approche plus sophistiquée a été élaborée dans les système d'agents mobiles pour faciliter la communication entre plusieurs agents est appelée un *Meeting*, qui consiste à regrouper un ensemble d'agents dans une même place définie par un identificateur et par une URL, et d'informer l'ensemble de chaque nouveau agent arrivé, et de déterminer est ce qu'ils sont tous(les agent) présents, et en fin de leurs permettre(les agent) de communiquer d'une manière contrôlée.

✓ **Mécanismes de communications agent/serveur**

Une autre sorte de communication celle entre l'agent et le serveur.

Le serveur d'agent doit contrôler l'état de tous ses agents qui s'exécutent localement ou, sur un serveur distant, lorsque une erreur d'exécution d'agent se produit, le serveur doit terminer l'exécution de ce dernier, cette opération nécessite de connaître l'emplacement de l'agent et de lui demander de retourner à son emplacement d'origine soit pour lui permettre de continuer ou pour le tuer.

Le serveur peut utiliser un mécanisme d'événement pour signaler l'agent, ou soulever une exception à distance. Le modèle de traitement des exceptions de l'agent doit lui répondre en s'émigrant lui même.

Concernant l'interaction entre les utilisateurs humains et l'agent, c'est un domaine de recherche très intéressant et au delà de la portée de ce mémoire.

4. **La sécurité dans les plate-formes d'Agents Mobiles**

Les problème de sécurité dans les systèmes d'agents mobiles sont divers. Ils sont une des questions les plus cruciales pour l'acceptation des systèmes d'agents mobiles. Dans un système d'agents mobile on utilise deux concepts principales à savoir l'agent et le serveur pour identifier la source, peuvent causer l'attaque ainsi qu'être la victime.

✓ **Types d'attaque possibles**

On a quatre types t'attaques possibles dans le systèmes à agent mobile, à savoir :
1. L'attaque d'un agent contre un autre agent.
2. L'attaque d'un agent contre un serveur.
3. L'attaque d'un serveur contre un agent.
4. L'attaque externe d'un système d'agents mobiles.

✓ **Techniques utilisées dans les attaques**

Chaque composante peut exploiter la vulnérabilité d'une autre composante pour effectuer des attaques qui peuvent s'effectuer de plusieurs façon :
1. *Masquage de l'identité(Masquerading)* : Quand une composante change son identité pour gagner plus de privilège, ce masquage peut endommager les agents comme il peut endommager les serveurs.
2. *Le déni de service* : Les agents peuvent bloquer les services d'un serveur par la consommation d'une grande quantité des ressources locales(CPU, Mémoire, …), les attaques de déni de service peuvent être lancer intentionnellement ou à travers des erreurs de programmation.
3. **L'accès non autorisé** : Les mécanismes de contrôle de l'accès sont utilisés pour prévenir l'accès des utilisateurs(agent ou autre) non autorisés aux ressources locales pour lesquelles il n'ont pas des permissions attribuées par la politique de sécurité.
4. **La répudiation** : La répudiation apparu quand un agent ou un serveur qui a participé dans une transaction ou une communication nie cette opération.
5. **L'écoute clandestine(Aevesdropping)** : Les menaces classique d'espionnage contiennent l'interception et le suivie de communication secrète.
6. **La modification du comportement** : Quand un agent arrive sur un serveur, il lui expose ses données ainsi que son code, le serveur peut donc changer le code de ce dernier ce qui résulte le changement radicale de son comportement.

La sécurité ente serveur et agent a une double direction : d'une part, les serveurs doivent être protégés contre les agent malveillant, et d'une autre part, les agents doivent être protégés contre les serveurs malveillant.

La *première* direction, la protection contre des agents peut être résolue en utilisant la technique existante des programmes de Java et SafeTcl, qui et utilisé pour l'exécution de programmes inconnus, ces deux système emploient la même approche, connu sous le nom du modèle de sécurité Sandbox, où toutes les procédures potentiellement dangereuses sont limité par des commandes spéciales de sécurité qui décident quels sont les programmes qui peuvent employer ces procédures.

L'*autre* direction, la protection des agents contre les serveurs malveillants, est spécifique aux agents mobiles, et l'effort de recherche continus en essayant de fournir des approches dans ce domaine.

II.10 Etude comparative de quelques plates-formes d'agents mobiles

Pour avoir une idée sur l'état de l'art de la technologie d'agent mobile, on va évaluer quelques plate-formes en les analysant autour de quatre points : exécution, migration, communication et sécurité.

II.10.1 Voyager

Développé par la société ObjectSpace de Dalles en USA. Voyager est un environnement de développement d'applications réparties à base de Java supportant les objets mobiles et les agents.

✓ **Exécution**

Voyager comporte un ensemble de classes Java pour supporter la mobilité et la communication, un agent s'exécute dans une machine virtuelle Java. Un serveur doit être lancer sur chaque site, le choix d'un numéro de port différent permet de lancer plusieurs serveurs sur le même site. Les méthodes d'une classe distante sont re-routés par le serveur local, via une référence virtuelle, vers l'objet distant. Ce mécanisme permet la migration, la communication et le suivi des objets distant.

✓ **Migration**

Voyageur supporte seulement la mobilité faible, la migration et proactive et réactive.

✓ **Communication**

La communication par message est synchrone, asynchrone, et "*oneway*" (aucune réponse attendue). La multicaste est possible, y compris entre agents distants.

✓ **Sécurité**

Les agents sont divisé en deux catégories ayants des droits différents. Les agents dont le code réside dans le système de fichier local sont considérés comme sûre, et pouvant effectuer toutes les opérations, les autres ont des droits restreints. Ces droits ne sont pas directement paramétrables par l'utilisateur.

II.10.2 Odyssey

Odyssey est développée par Général Magic en USA, elle est implémentée sou forme de bibliothèque qui permet la construction des agents mobiles, cette plate-forme est implémentée en Java et nécessite le JDK 1.1.x.

✓ **Exécution**

Puisque Odyssey est implémenté en Java, tous les agents développés par cette plate-forme sont exécutés dans la JVM(Java Vertuel Machine).

✓ **Migration**

Java fournit une manière de capturer l'état d'exécution d'un thread. Ainsi, quand un agent d'Odyssey et transporté d'un système à un autre, le thread de l'agent et remis en marche à la destination à un point prédéfini. Par conséquent Odysey fournit une classe worker qui est une sou-classe de la classe agent, par ce fait l'agent est structuré comme un ensemble de paires destination-taches, à chaque destination, l'agent exécute la tache associée. Odysey emploie le service de sérialisation d'objet fourni par Java pour transférer les agents.

✓ **Communication**

La communication dans Odyssey est possible entre les agents réunis dans le même endroit alors que la communication à distance est impossible.

✓ **Sécurité**

La sécurité n'est pas documentée.

II.10.3   Aglets

Aglets (contraction d'agent et applet) et le nom donné par le Tokyo Research Laboratory d'IBM à un environnement de programmation et d'exécution d'agents mobiles écrits en langage Java. Il est disponible sous forme d'une classe Java.

✓ **Exécution**

L'environnement Aglets comporte un ensemble de classes Java pour le support de la mobilité et de la communication. Une Aglets est un objets Java. Il s'exécute dans une machine virtuelle Java. Sur chaque machine susceptible d'accueillir des agents, un serveur(graphique ou en mode ligne de commandes) doit être lancer pour fournir l'environnement d'exécution et le suivi des agents. Plusieurs serveurs peuvent coexister sur la même machine avec des numéros de port différents.

✓ **Migration**

L'Aglets supporte la migration proactive avec la mobilité faible(et la gestion des exception). Ceci provient de l'architecture actuelle de la machine virtuelle Java, qui ne permet pas à un programme d'accéder directement à son état d'exécution. C'est pourquoi le programmeur doit sauver dans des variables les informations nécessaires à la reprise de l'exécution dans l'état approprié. Ainsi la migration exécute successivement la méthode *onDispatching()* sur le site de départ, puis *onActial()* et *run()* sur le site d'arrivée. Les communications entre sites s'effectuent par le protocole TCP sur un port configurable via un mécanisme de désignation de type URL.

✓ **Communication**

La communication est par envoie de message entre les Aglets d'un même site ou des sites différents. Les messages peuvent être synchrones, asynchrones, et "*oneway*" (aucune réponse attendue). Enfin le multicaste est possible pour un ensemble d'aglets situés sur le même site, l'environnement d'exécution envoyant le message d'un type donné aux aglets du site ayant souscrit à la réception des messages de ce type.

✓ **Sécurité**

La sécurité des aglets bénéficie des mécanisme de sécurités propres à Java. Da plus, les serveurs d'aglets ont la possibilité de définir les droits d'accès au système de fichier, les droits d'utilisateurs du réseau, les droits d'ouverture de fenêtres, ...etc., il n'est pas possible par contre de limiter l'accès aux ressources CPU et mémoire.

II.10.4 Agent TCL de Datmouth college(UK)

La plate-forme Agent TCL est une variante de l'interpréteur TCL pour supporter le mécanisme de mobilité forte, le support de la mobilité est donc obtenu par la modification du noyau TCL pour offrir une commande qui permet de suspendre l'exécution d'un script TCL, capture son état, le déplace ver une autre machine et enfin exécuter l'instruction qui vient juste après la primitive de migration de ce script.

✓ **Exécution**

L'environnement d'exécution consiste en deux serveurs :

1. Le démon pour gérer la migration et la communication à distance.
2. Le gestionnaire des ressources pour contrôler l'accès aux ressources locales.

✓ **Migration**

L'agent peut migrer volontairement en utilisant sa primitive de migration. La modification du TCL permet la capture de l'état d'exécution donc, la forte mobilité.

✓ **Communication**

Deux types de communications sont possibles :

1. L'envoi de message : permet la communication asynchrone.
2. L'établissement des canaux de communication : les agent peuvent communiquer directement après l'établissement d'un canal de communication entre eux.

✓ **La sécurité**

La sécurité dans la plate-forme agent TCL est assurée par la spécification de la sécurité propre au langage, en plus les modules de sécurités indépendants pour le contrôle des ressources locale.

II.10.5 Comparaison entre le plate-forme

Plate-forme	Avantages	Inconvénient
Voyageur	-Support de persistance -MAJ automatique de la référence des objet pour les agents migrés. -Concept de diffusion(broadcaste) des message. -Evénements distribués	-Support de sécurité insuffisant.
Odysey		-Support de sécurité insuffisant -Pas de communication distante. -Support de persistance insuffisant. -L'agent perd les référence des objets dés qu'il se déplace.
Aglet	-Un GUI pour la gestion et la configuration. -Mécanismes haut niveau pour le contrôle d'accès	-Pas d'authentification des agents(pas de sécurité externe). -Documentation incomplète.
Agent TCL	-Capture de l'état de l'exécution. -Sécurité interne et externe.	-Support de persistance insuffisant. - Documentation incomplète. -Portabilité limitée. - L'agent perd les référence des objets dés qu'il se déplace. -Toutes les clés publiques doivent être connues.

Comparaison entre les plate-forme

II.11 Conclusion

On a brièvement présenté dans ce chapitre l'approche par agents mobiles qui semble pouvoir donner des résultats meilleurs que les autres technologies pour la détection d'intrusion et la recherche va développer une nouvelle architecture pour cette technologie.

Les avantages des agents mobiles pourront être exploités de plusieurs façons : en prévoyant de la surveillance en plus de la détection, en fournissant une réponse aux attaques et en augmentant la fiabilité du système. On peut aussi tirer profit de la diversité en représentant les signatures d'attaques par une méthode différente pour chaque agent.

A partir de tous ce qu'on a vu dans ce chapitre, on peut constater que jusqu'à aujourd'hui, il n'y a pas une plate-forme qui peut implémenter formellement tous les concepts de la technologie des agents mobiles, que ce soit pour des raisons de faiblesse de sécurité ou bien de portabilité ou même pour le manque de documentation...etc.

Comme notre travail consiste à manipuler des agents mobiles, il a fallu utiliser une plate-forme adéquate, pour cela on a choisie la plate-forme *Aglet*.

Chapitre III: La plate-forme Aglets

III.1 Introduction

La plate-forme Aglets est la prochaine génération dans l'évolution du code mobile sur Internet, c'est l'introduction d'un code qui peut migrer dans l'Internet avec son état(donnée), elle a été développée par IBM en 1997, elle permet la mise en place d'applications distribuées en Java grâce à sa bibliothèque de développement ASDK.
Les Aglets(Agents Applets) sont des objet Java mobile qui peuvent se déplacer d'une machine à une autre. Une aglets s'exécutant sur un hôte peut s'arrêter on exécution, se déplacer sur un autre hôte distant et recommencer l'exécution. Quand une aglet se déplace, elle emporte avec elle son code(byte code) ainsi que son état(données).

Pour exploiter la plate-forme Aglets d'une manière efficace il faut comprendre son architecture, pour cela on présente dans ce chapitre un aperçu sur les principaux composants de celle ci, ainsi que les différents aspects concernant la communication, la migration et la sécurité dans la plate-forme Aglets.

III.2 Choix de la plate-forme

Le choix de la plate-forme Aglets repose sur plusieurs raisons :
✓ **La maturité**
La plate-forme Aglets fournie tous les concepts des agents mobiles, c'est une plate-forme stable et cohérente, offre en plus des fonctionnalités de base, des utilitaires (les itinéraires, Messager...). Elle fournie aussi un serveur d'agent avec une interface graphique agréable appelé TAHITI.
✓ **Une plate-forme implémentée en Java**
Comme elle est écrite 100% en Java , elle hérite donc toute la force de ce langage purement orienté objet en plus de la portabilité et de la sécurité. Java offre des mécanismes qui supportent la mobilité du code.
✓ **La disponibilité**
Aglets n'est pas un produit commercial, elle est disponible avec son code source. La plate-forme est constitué d'un ensemble de packages appelés ASDK et d'exemple de la spécification d'Aglets écrit par ses auteurs OSHIMA et GUENTER KARJOTH deux célèbres auteurs dans le développement de cette plate-forme.

III.3 Les objectifs de la plate-forme Aglets

✓ Fournir un modèle facile et compréhensible pour la programmation des agents mobiles sans avoir besoin de modifier la machine virtuelle Java.
✓ Conception d'une architecture extensible et réutilisable.
✓ Conception d'une architecture conforme avec la technologie Java/Web.
✓ Support dynamique de communication des agent.

III.4 Architecture de la plate-forme Aglets

Une architecture spécifique consiste à avoir un ensemble de serveurs connectés, chaque serveur est conçu autour d'un runtime java, qui fourni des services aux agents accueillis localement. Un serveur est contrôlé par un utilisateur via une interface graphique(GUI) ou une console; il peut créer, envoyer...etc. des agents.

III.4.1 Les éléments de la plateforme Aglets

✓ **Aglet**

Objet mobile Java qui visite les serveurs où les agents sont autorisés dans un réseau informatique. Une aglet est *autonome* puisqu'elle peut répondre à son exécution dés son arrivée à destination et *réactif* car elle peut répondre (réagir) à des événement de son environnement.

✓ **Proxy**

Un proxy est un représentant d'une aglet. Il sert à protéger l'aglet contre les accès directes à ses méthodes publiques. Le proxy fournit également la transparence de l'emplacement de l'aglet, c'est à dire qu'il peut cacher le vrai emplacement de l'aglet.

✓ **Contexte**

Le contexte est le lieu d'exécution de l'aglet, c'est un objet stationnaire qui fournit des moyens pour mettre à jour et contrôler les aglets dans un environnement d'exécution uniforme, cet environnement est protégé contre les aglets malveillantes.

Un serveur peut accueillir plusieurs contextes, chaque contexte a un nom et peut être localisé par la combinaison de son nom et de l'adresse du serveur qu'il l'accueille.

✓ **Hôte**

Un hôte est une machine capable d'héberger plusieurs serveurs. Le hôte est généralement un nœud dans un réseau.

✓ **Identificateur**

Une identification est reliée à une aglet. Cette identification est globale et unique et non changeable tout au long de la vie de l'aglets.

III.4.2 Cycle de vie d'une Aglets

Les ingénieurs d'IBM ont mis en place diverses situations dans lesquelles une aglets peut se trouver. Elle peut être en cours de *création*, d'*exécution*, de *déplacement*, de *libération* ou bien *stocké* sur le disque.

Découper le cycle de vie d'une aglet en étapes(ou situation) distinctes permet de bien définir ce qui peut être effectué sur une aglet en fonction de la partie du cycle de vie dans laquelle elle se trouve.

Les types du comportement des aglets ont été implémentés de manière à répondre aux principaux besoins des agents mobiles.

✓ **Création**

Se fait dans un contexte. Un identifiant unique lui est assigné. L'initialisation et l'exécution de l'aglet commencent immédiatement.

✓ **Clonage**

Création d'un duplicata dans le même contexte que l'origine. Un identifiant différent est alors attribué.

✓ **Déportation(Dispatching)**

C'est le transfert d'une aglet d'un contexte à un autre, on dit que l'aglet est migrée vars son nouveau contexte.

✓ **Récupération**

L'aglet déposée est récupérée dans son contexte d'origine.

✓ **Activation et Désactivation**

La désactivation d'une aglet est une interruption temporaire de son exécution et le stockage de son état dans un support secondaire de stockage. l'activation est l'opération inverse.

✓ **Libération ou Déstructure**

Fin de vie de l'aglet et la retirer du contexte.

✓ **Messagerie**

La messagerie entre les aglets consiste à l'*émission*, la *réception* et le *traitement* des messages synchrones ou asynchrones

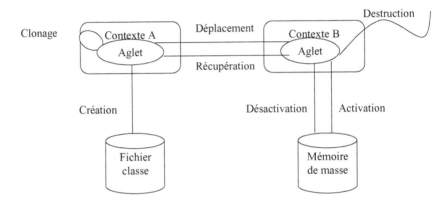

Figure 3 : Modèle du cycle de vie d'une Aglet

III.4.3 La migration d'une Aglets

La plate-forme Aglet supporte la migration proactive avec mobilité faible. Ceci dérive de l'architecture de la machine virtuelle Java.

Une aglet peut se migrer à une autre destination. La migration cause la suspension de son exécution, la sérialisation de son état interne et son code dans un format standard et en fin le transfert vers la destination. A la réception, l'aglet est reconstruite et recommence l'exécution du début.

Figure 4: Le transfert d'un Aglet

✓ **Le protocole de transfert d'agents :**

La plate-forme Aglets est décomposée en deux couches :

1. *La couche d'exécution* : C'est la couche qui est responsable de l'exécution des aglets.
2. *La couche de transport* : C'est la couche qui est responsable de transporter une aglet à la destination sous forme d'un flux d'octets qui contient des définitions de classe(code) aussi bien que l'état de l'aglet ordonné dans un format standard. Les fonctionnalités de cette couche sont assurées par le protocole de transfert d'agent ATP, qui est un protocole simple de niveau application du modèle de référence OSI.

La modélisation de ce protocole est basée sur le protocole http, en plus, il a été conçu pour transmettre un agent indépendamment de sa plate-forme. Les requêtes sur lesquelles est basé ce protocole sont :

- Dispatch : C'est une requête destinée au système d'agent à distance, pour reconstruire l'agent à partir du contenu de la requête, et de le lancer à nouveau. Si la requête est satisfaite, l'émetteur arrête l'agent et libère toutes les ressources utilisées par ce dernier.
- Retract : C'est une requête où le système d'agent à distance, renvoie l'agent spécifié à l'émetteur d'origine. Le récepteur de l'agent est le responsable de la reconstruction et la mise en marche de l'agent. Si l'agent est transmet avec succès l'émetteur stoppe l'agent et libère toutes les ressources utilisées par ce lui-ci.
- Fetch : Similaire à GET de http, c'est une requête où le récepteur doit récupérer et envoyer l'information identifié.
- Message : Est utilisé pour envoyer des messages entres les agents identifiés par leurs identificateurs ID.

D'une manière générale, ce protocole est basé sur le modèle requête/réponse, et ne dispose d'aucune règle pour la communication entres les agents.

III.4.4 Le modèle de communication de l'Aglets

La communication est basée sur l'échange d'objets de classe *Message.* Ce modèle de communication est indépendant de la location de l'aglet et peut être synchrone ou asynchrone.

Quand une aglet désire envoyer un message, doit obligatoirement passer par le proxy du destinataire.

Chaque aglet possède un gestionnaire de message *MessageManager* qui lui permet de les traiter un par un et dans l'ordre de leurs arrivées respectives. Cet ordre peut être changé par l'aglet en modifiant les priorités des messages dans la file d'attente, ceci est possible grâce à la méthode *setPriority* (les priorités ont des valeurs de 1 à 10).

✓ *La classe Message*

Chaque message est caractérisé par la catégorie(Kind) à laquelle il appartient et un contenu(Arg) de n'importe quel type. La création d'une instance message nécessite l'affectation d'une valeur à son paramètre *Kind*.

Les constructeurs les plus utilisées de la classe :

1. *public Message(String Kind)* : Crée un message d'un type donné(Kind), un tableau(Hashtable) par défaut est assigné pour ce type de message.

2. *public Message(String Kind, Object Arg)* : Crée un message d'un type donné(Kind) avec un argument de type Object.

Figure 5 : L'objet Message

✓ **Type de messages**

Il y a quatre types de messages :

1. **Message synchrone** : La méthode **AgletProxy.sendMessage(Message msg)** permet l'envoie de messages synchrones, elle est donc bloquante car elle attend la réponse du récepteur. Le destinataire du message doit implémenter un gestionnaire des messages reçus. Cette fonctionnalitée est rendue possible par la surcharge de la méthode **Aglet.handelMessage(Message msg)**. La méthode **Message.sendReply** permet de retourner une réponse à l'émetteur.

2. **Message asynchrone** : La messagerie asynchrone est implémentée grâce à la notion de **futur objet**. L'envoi d'un message asynchrone retourne un lien vers la réponse si cette dernière n'existe pas encore. Ce lien permet de tester si la réponse est arrivée ou pas. Cette technique permet à l'aglet d'envoyer un message sans être obligé d'interrompre son exécution en attente de la réponse.

3. **Multicast(diffusion des messages)** : Permet à une aglet de s'abonner à un ou plusieurs groupes au sein d'un même contexte. Chaque groupe est identifié par une catégorie de messages.

   Le message Multicast fournit un mécanisme puissant pour la communication et la collaboration des aglets, pour qu'une aglet bénéficie de ce type de message il procède comme suit :
   ✓ Inscription dans un seul ou plusieurs messages Multicast.
   ✓ Implémente le porteur(handeler) de chaque type de message.

4. **Message simple(unidirectionnel)** : Il permet l'envoi de message sans attente de réponse.

III.5 Les Aglets et la sécurité

Dans un réseau en pleine expansion tel que l'Internet, le problème de la sécurité trouve tout son sens dans l'utilisation des agents. On peut identifier trois cibles possible :

1. L'agent

✓ L'agent qui visite une machine pourrait être la cible d'une tentative d'exécution d'information.
✓ Même scénario avec un agent malveillant.
✓ Interception de la messagerie.

2. Le hôte

✓ Un agent malveillant pourrait visiter un hôte dans le but d'accéder ou de corrompre ses fichiers.

✓ Une entité malveillant pourrait envoyer un nombre important d'agent vers un serveur dans le but de le surcharger.

3. Le réseau

✓ Multiplication sans fin d'agent dans le but d'encombrement et de surcharger le réseau.

Donc, la sécurité est essentielle pour les aglets, parce que l'acceptation d'un agent hostile peut endommager votre ordinateur.

III.5.1 Modèle de sécurité d'aglets

La plate-forme aglet est renforcé par un modèle de sécurité, ce modèle est basé sur les mécanismes suivant :

1. Les principales

Une principale sert comme une identité qui peut représenter l'aglet, le contexte, le domaine(ensemble des serveurs) etc.

Le rôle de chaque type des principales est d'assurer la conformité et la porté de tous l'ensemble(aglets, contextes, domaine,...).

2. Les permissions

Les permissions définissent la possibilité d'exécution d'une aglet par :

✓ La limitation des ressources consommées.

✓ Restriction d'accès à tel ou tel type de ressource.

Ces permissions sont basées 100% sur java. Alors, ces permissions concernent :

✓ L'accès aux fichiers (read/write).

✓ L'établissement d'une connexion à une base de donnée.

✓ L'établissement d'une connexion réseau.

✓ La création d'une icône sur le bureau.

3. Protection

Comme les ressources sont protégées par des permissions, il faut aussi protéger les aglets contre les accès non autorisés des autres entités.

Par exemple, le seul responsable de tuer une aglet est l'administrateur(awner).

III.5.2 Variables d'environnement

Avec les variables d'environnements, un utilisateur peut préciser à la plate-forme Aglet les différentes propriétés du système d'exploitation telle que :

✓ Le chemin des aglets locales AGLET_PATH.

✓ Le chemin des aglets exportables AGLET_EXPORT_PATH.

✓ Le chemin où se trouve l'ASDK(Aglet Software Développement Kit).

✓ HOME qui est le chemin spécifique à un utilisateur.

✓ JAVA_HOME qui est le chemin où se trouve le JDK(Java Développement Kit).

III.6 Conclusion

Comme sité ci-dessus, Aglets est une bibliothèque de Java pour le développement des agents mobiles.

Aglets est *simple* ,et *flexible* , puisqu'elle nous permet de prolonger la plate-forme afin de mettre en application de nouvelles fonctionnalités.

Aglets inclut une plateforme mobile complète d'agent Java, avec un serveur autonome appelé *le Tahiti* , et une bibliothèque qui permet au lotisseur de construire les agents mobiles et d'inclure la technologie d'Aglets dans leurs applications.

Chapitre IV: Conception

IV.1 Introduction

Après avoir exposé dans les chapitres précédents une étude des systèmes de détection d'intrusion, des agents mobiles ainsi que de la plate-forme Aglet ; On vu que les attaques contre les réseaux informatiques et leurs ressources sont en augmentation constante, et deviennent de plus en plus sophistiqués et pour mettre des solutions à ces problèmes, plusieurs outils ont été développés. Parmi ces outils on trouve les systèmes de détection(et de réponse) aux intrusions, qui est notre sujet.

Puisque on a étudié les IDS, qui sont basés sur une architecture hiérarchique, on va entamer notre modèle qui tire profit des aspects positifs de ces IDS et éviter les aspects négatifs. Et avec l'émergence du paradigme d'agent mobile qui apporte des grandes modifications dans le sens positifs des IDS, en terme de décentralisation, mobilité, robustesse, casse de l'architecture hiérarchique qui est une grande sorte de faiblesse des IDS, de telle façon où ils soient simples à contourner.

Nous allons présenter dans ce chapitre notre prototype d'un système de détections d'intrusion qu'on l'a baptisé **AgenttIDS** qui tire profit des avantages du paradigme d'agent mobile et qui est implémenté avec la plateforme Aglets qui est à son tour 100% implémentée en Java.

IV.2 Analyse

IV.2.1 Choix du domaine et objectif du système

Vu la complexité et la multiplicité des étiologie de l'information qui devient de plus en plus diffusée et distribuée dans de multiples objets et fonctionnalités qui sont amenés à coopérer. De plus, la taille, la complexité et l'évolutivité croissantes de ces nouvelles applications informatiques font qu'une vision centralisée, rigide et passive (contrôlée explicitement par le programmeur) atteint ses limites. On est ainsi naturellement conduit à chercher à donner plus d'autonomie et d'initiative aux différents modules logiciels. Le concept de système multi-agent propose un cadre de réponse à ces deux enjeux complémentaires (et à première vue contradictoires) : autonomie et organisation.

D'un autre coté les réseaux à grande échelle donnent accès à un grand nombre de sources d'informations distribuées et hétérogènes. La réalisation d'outils d'exploitation automatisés est cependant complexe, en particulier à cause des besoins d'évolution et d'adaptation dynamique aux sources d'information et au réseau. Notre objectif est d'évaluer l'intérêt des agents mobiles adaptables pour faciliter cette réalisation. Pour cela, nous développons un prototype de système de détection d'agents mobiles. Nous montrons comment les propriétés de mobilité et d'adaptation des agents aident à mener à terme les problèmes d'attaques contre les réseaux informatiques ainsi à l'intrusion. C'est donc un prototype d'un système de détections d'intrusion qu'on a baptisé **AgenttIDS.**

IV.2.2 Intérêt d'utilisation du langage Java pour la programmation des aglets

Puisque les aglets sont des objets Java, qui est un bon langage de programmation orienté objet, on va citer quelques propriétés ou bien avantages de ce langage et qu' est ce q'il apporte pour la programmation des agents mobiles.

✓ **Langage multi plateforme**

Java était conçu pour opérer dans les environnements hétérogènes, cette façon permet à toutes les applications Java de s'exécuter dans n'importe quelle hôte dans le réseau, le compilateur Java génère un code intermédiaire (byte code), noter que ce code sera exécuté sur un ordinateur où se présente la machine virtuelle Java. Et pour ce la le programmeur peut développer des agents mobiles sans faire connaître le type de l'ordinateur sur le qu'elle cet agent sera exécuter.

✓ **Exécution sécurisée**

Java est prévu pour l'utiliser dans l'Internet et l'Intranet, où le problème de sécurité se pose, alors Java offre des mécanismes pour assurer la sécurité du code, on peut citer les aspects de sécurité ci-après :

- Java ne permet pas la manipulation directe des variables mémoire (attributs d'un objet).
- Java ne permet pas l'accès direct aux variables et méthodes privées d'un objet.
- Java fournit un mécanisme de contrôle d'accès aux ressources locales d'un ordinateur par exemple l'ouverture d'un fichier, l'établissement d'une connexion à une base de donnée, l'établissement d'une connexion réseau ,etc....

Ça et d'autres mécanismes de sécurité comme Sand box permettant à un hôte d'accueillir des agents mobiles d'une manière sécurisée.

✓ **Chargement dynamique de classes**

Ce mécanisme permet à la machine virtuelle Java de charger les classes au runtime, il offre un espace uniforme a chaque agent, et lui permet de s'exécuter d'une manière sécurisé et indépendamment d'autres agents, aussi ce mécanisme permet le chargement des classes via l'Internet

✓ **Sérialisation d'objet**

C'est la clé future des agents mobiles, dont le fait est de permettre la sérialisation et les dissérialisation d'objets, ce mécanisme consiste à coder l'état d'un objet dans un format standard (vecteur de bits) au niveau de l'émetteur, et de les décoder au niveau du récepteur, noter que tous les objets accessibles par cet objet (graphe d'objets) seront sérialisés avec cet objet et restaurés au même temps.

En plus de ces avantages on trouve le multithreading, la reflection, etc.

IV.2.3 Les utilisateurs du système

Toute réalisation de système est destinée à une catégorie d'utilisateurs. Notre prototype s'adresse à deux types d'utilisateurs :

✓ **Utilisateur expert**

C'est l'administrateur réseau qui accède et ajoute et supprime des nœuds et lance le prototype(application) ce dernier il lance le *AgentIDS* .

✓ **Les utilisateurs ordinaires :**

Ce sont les « consommateurs » du logiciel et qui sont des nœuds dans le réseau, et qui pourront lancer le *AgentStat*.

IV.3 Conception

IV.3.1 Description du système

Le système(prototype)*AgentIDS* s'exprime sur le principe d'un réseau où les agents se promènent. Le réseau constitue l'infrastructure de notre système, il se compose d'un ensemble de nœuds interconnectés, chaque nœud peut héberger un ou plusieurs agents et se caractérise par son état.

Les agents en promenade permanente dans ce réseau se différent de types et de stratégies. Il y a des agents de détection d'intrusion (AgentIDS), des agents stationnaire (AgentStat).

IV.3.2 Composants

✓ **Les nœuds**

Les nœuds constituent l'emplacement où l'agent accomplit effectivement ces tâches, donc ils lui offrent un environnement uniforme d'exécution en plus d'un ensemble des outils lui facilitant la tache.

Un nœud est constitué de :

● *Un environnement d'exécution*

L'environnement d'exécution ou bien le serveur d'agent présente l'abstraction du système sur le quel se déroule le code de chaque agent mobile, cette entité qui est avec une relation intrinsèque avec l'hôte qui l'accueillis a pour rôle de cacher les détails hétérogènes des systèmes.

● *Une structure des propriétés du nœud*

Cette structure de données est très utile pour l'agent mobile, elle lui fournit une vue globale sur les nœuds comme les identificateurs des agents locaux et le mappage entre les services disponibles et les agents stationnaires correspondants.

● *Des agents stationnaires*

Les agents stationnaires sont les complémentaires des agents mobiles pour l'accomplissement de la tache de détection (et de réponse) aux intrusions. Notre stratégie de conception consiste à attribuer aux agents mobiles les opérations principales qui demandent que peu de données, et qui doivent être non centralisées pour renforcer la sécurité. Et d'attribuer aux agents stationnaires les opérations qui demandent une grande quantité de données et relativement beaucoup de temps. Ce choix est fait pour ne pas charger l'agent mobile et par conséquent ralentir ses déplacements au sein du réseau.

✓ **Les interconnexions**

Les interconnexions entre les nœuds sont le seul moyen d'établir un réseau d'ordinateurs. En réalité il n y a pas une liaison directe entre deux nœuds, ni une structure maillée. Mais il y a tout simplement une liste des adresses des voisins au niveau de chaque nœuds. Un agent qui veut se déplacer doit consulter cette liste pour obtenir l'adresse de sa destination.

✓ **AgentPrinc**

C'est l'agent d'interface graphique et a son tour il lance l'AgentIDS et affiche tous les résultats d'analyse et tous les sites visités.

✓ **Agent IDS**

Comme notre objectif est la détection. L'agent de détection d'intrusion IDS est considéré comme l'entité principale dans notre conception.

Il peut être définit comme l'entité responsable de surveiller le réseau virtuel et signaler tout ce qui l'apparaît anormale en se basant sur ses connaissances préalables et qui les acquit au fur et à mesure de son expérience et sa durée de vie.

Donc l'agent IDS est en promenade permanente au sein du réseau dés sa création, et à chaque visite à un nœud il lance une opération d'analyse des données locales.

Ces données sont obtenues par l'agent stationnaire.

En suite deux cas seront prévus :

- Soit les données analysées sont normales. L'IDS sera déplacé au nœud suivant

- Soit les données analysées sont anormales. Dans ce cas l'IDS affiche une fenêtre d'avertissement à l'administrateur.

L'analyse des données par l'agent IDA prend deux aspects:

- L'analyse comportement
  Dans ce cas l'agent IDS tente de découvrir des déviations qui dépassent les limites prédéfinies pour juger la présence d'une intrusion. La déviation est calculée par rapport des dernières informations reçues sur ce nœud.

- analyse des abus
  Dans ce cas l'agent IDS possède des connaissances préalables sur la nature de plusieurs attaques, ces connaissances sont représentées sous la forme d'une structure de données (graphe).

L'agent IDS fait la comparaison de l'état du nœud avec les types d'attaque connus et alerte la présence d'une intrusion dans le cas ou il trouve une similitude.

Vue la complexité de ce type d'analyse (notons qu'il y a des recherche en cours concernant ce type d'analyse), on va choisir d'utiliser la première technique.

Juste après son initialisation l'agent IDS commence ses déplacements, il s'appuie sur un module de déplacement pour déterminer la destination suivante.

Donc le module de déplacement se charge d'appliquer une stratégie dictée par l'administrateur pour ordonner le voyage de l'agent IDS, il y a deux techniques pour faire ça :

- Choix aléatoire

    C'est le plus simple l'agent IDS choisi le nœud qu'il va visiter aléatoirement sans tenir compte d'aucune considération.

- Choix déterministe

    Le choix dans ce cas est pris selon certaines contraintes comme

    - Le nœud le moins visité.

    - Le nœud le moins récemment visité.
    - Le nœud qui ne contient pas un nombre maximal d'agents

Vue à la complexité du choix déterministe, on va utiliser seulement la première technique.

En plus de son rôle de détection. L'agent IDS réalise une autre fonction qui consiste à collecter des informations statistiques qui auront par la suite une grande utilité notamment en ce qui concerne l'amélioration des performances du système et pour afficher à l'administrateur des informations sur le système *AgentIDS*.

✓ **L'agent STAT**

    AgentSTAT pour Agent Stationnaire est la partie responsable de la collection d'information pour l'AgentIDS.

IV.3.3 Fonctionnement du système

Notre prototype est décomposé en deux sous systèmes :

- Le sous système d'agents principale
- Le sous système d'agents stationnaires

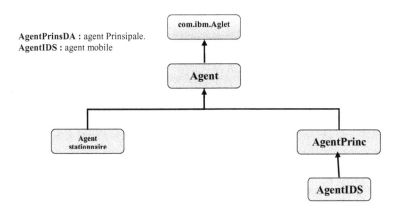

Figure 6 : Architecture globale de système

✓ **Le sous système d'agents stationnaires**

Ou bien, l'ensemble d'agent de services. Ce sous système a pour rôle aider les agents mobiles pour accomplir leurs taches, et leurs fournit les différents services. Il collecte des informations et les transmis à l'AgentIDS.

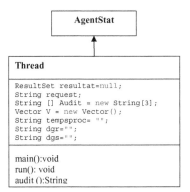

Figure 7 : Structure de l'AgentStat

✓ **Sous système d'agent Principale**

C'est l'agent d'interface, il lance l'agentIDS qui est le système de détection d'intrusion proprement dit, son rôle est d'essayer de détecter la où elle se déclenche une éventuelle intrusion. L'agentPrinc affiche tous les résultats et les sites visités par l'AgentIDS.

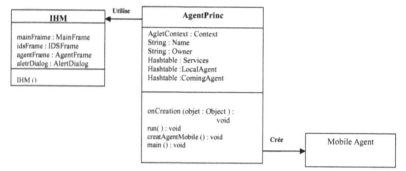

Figure 8 : Structure de l'agent Principale

IV.4 Conclusion

Dans cette partie, on a présenté notre système **AgentIDS,** on a vu son fonctionnement ainsi que les différents sous systèmes qui le compose.

Chapitre V: Implémentation et Réalisation du système

V.1 Introduction

Pour l'implémentation de notre système nous avons opté pour le langage java, car il convient mieux à la nature de notre système. Car certains paramètre peuvent influer sur la qualité du logiciel, à titre d'exemple : le chois du langage de programmation.

V.2 Environnement de développement

V.2.1 Environnement matériel

Notre logiciel est implémenté sur un micro-ordinateur « PENTIUM III » doté de 182 MO de mémoire vive(RAM) et d'un disque dur de capacité 10 GO, ce qui permet un espace de stockage important et un temps de réponse acceptable.

V.2.2 Environnement logiciel

➢ Programmation sous WindowsXP : WindowsXP offre une interface Homme/Machine conviviale et facile d'emploi, ainsi il offre à l'utilisateur une interface graphique multifenêtres et un gestionnaire multitâche, il donne à l'utilisateur l'impression de piloter lui-même son programme.

V.3 Le serveur TAHITI

Comme on la déjà vue dans les chapitres présidents, pour exécuter un agent on a besoin d'une plate-forme et d'un serveur. On opté sur la plate-forme Aglets qui implémente le serveur TAHITI, avec lequel on travaille.
Le serveur TAHITI permet entre autre de créer et charger les Aglets, de les dispatcher vers un nouveau contexte et de les en retirer. Lors de la création d'une Aglet, les opérations suivantes sont effectuées :

- Charger le fichier class

- Instancier l'Aglet

- Etablir l'Aglet dans son contexte

- Invoquer la méthode onCreation()

- Onvoquer la méthode run()

V.4 La mise en marche de l'application

Dans cette partie, on va suivre une exécution étapes par étapes du départ jusqu a la fin pour voir les résultats de notre application :

V.5   Lancer le serveur TAHITI

Dans le console de commande, on se met dans le répertoire ou se trouve la plate-forme Aglets et on lance le serveur par la commande ***ant***(ou ***ant install***) après la commande ***agletsd***.

On aura une boite de dialogue dans laquelle on doit saisir le nom et le mot de passe qui sont respectivement :***aglet_key*** et ***aglets***

Et enfin on aura le serveur TAHITI.

V.5.1   Lancer l'application

Pour lancer une application à partir du serveur TAHITI, on appuie sur ***Creat*** et on aura :

Et saisie le nom de notre application et on aura :

V.6   Conclusion

Tout le long de ce chapitre, nous avons essayé de décrire d'une manière exhaustive que possible la mise en œuvre de notre système de détection d'intrusion. Premièrement nous avons décrit l'environnement de développement, puis on a donné un aperçu sur le langage de programmation utilisée, et enfin, on a terminé par la réalisation et la description du logiciel.

Conclusion Générale

L'informatique est en train de changer notre vie de manière assez profonde. Tout d'abord, l'informatique devient ubiquitaire. Au départ confiné dans les ordinateurs, elle est entrain d'investir les objets de la vie courante : téléphones portables, assistants personnels, maison, etc. Elle devient ainsi de plus en plus diffusée et distribuée dans de multiples objets et fonctionnalités qui sont amenés à coopérer. La décentralisation est donc la règle et une organisation coopérative entre modules logiciels devient un besoin. De plus, la taille, la complexité et l'évolutivité croissantes de ces nouvelles applications informatiques font qu'une vision centralisée, rigide et passive (contrôlée explicitement par le programmeur) atteint ses limites. On est ainsi naturellement conduit à chercher à donner plus d'autonomie et d'initiative aux différents modules logiciels. Le concept de système multi-agent propose un cadre de réponse à ces deux enjeux complémentaires (et à première vue contradictoires) : autonomie et organisation.

Les attaques contre les réseaux informatiques et leurs ressources sont en augmentation constante et deviennent de plus en plus sophistiquées. Cette affirmation est confirmée par les rapports annuels du Computer Emergency Response Team [CERT] qui mentionnent aussi l'insuffisance des mesures destinées à contrer ces attaques et mettent en évidence la nécessité de toujours améliorer la protection des systèmes d'information.

Nous rappelons que l'objectif de notre travail était l'étude et la réalisation un prototype d'agent mobile pour la détection d'intrusion dans un réseau.

Pour cela, nous avons d'abord présenté des généralités sur le système de détection d'intrusion, son principe, ainsi que ses limites.

Ensuite, nous avons consacré une partie de ce travail à la technologie d'agent mobile qui est une entité autonome capable de communiquer, disposant d'une connaissance partielle de ce qui l'entoure et d'un comportement privé, ainsi que d'une capacité d'exécution propre et qui peut se déplacer d'un site à un autre en cours d'exécution pour se rapprocher de données ou de ressources. Il se déplace avec son code et ses données propres, mais aussi avec son état d'exécution. Un agent agit pour le compte d'un tiers (un autre agent, un utilisateur) qu'il représente sans être obligatoirement connecté à lui. Durant cette partie on étudie ses propriétés, ses avantages, ses inconvénient et ses différentes familles ainsi qu'une présentation du paradigme d'agent mobile et enfin une étude comparative des plate-formes d'agent existantes ; quant a mieux approfondi dans le troisième chapitre en se basent sur la plate-forme Aglets , L'architecture de la plate-forme est bien expliquée : le cycle de vie d'une Aglet, l'environnement d'exécution, les mécanismes de communication intra et inter agent et la politique de sécurité adoptée. Suivie d'une conclusion récapitulative.

Le prototype *AgentIDS* est un prototype évolutif et très clair pour illustrer comment on peut employer les agents mobiles pour développer des applications réparties. Malheureusement, on n'a pas pu arriver à implémenter tous les concepts étudié théoriquement comme l'audit du système d'exploitation et le scannage de trafic réseau ou la réponse active. Mais on peut dire qu'on a réalise un prototype qui simule la détection d'intrusion et par conséquence une première étape vers un vrai *IDS* (Système de Détection d'Intrusion) en plus de ça ce prototype consiste comme un maillon robuste et efficace intermédiaire entre la collecte des données dispersées dans le réseau et la réponse active.

Ce présent travail peut constituer une aide à d'autres travaux qui porteront sur la détection d'intrusion dans les réseaux et sans oublier l'apporte du JAVA dans de telle application..

Bibliographie

★------------BIBLIOGRAPHIE------------★

Java :

[JD MM,96]
John December
Michael morison
Et al.
JAVA
SECRETS D'EXPERTS
Copyright ⋏ 1996
Simon & Schuster Macmillan (France)

[YH MK,96]   Yann HACKL, Michael KNAPP & Bernd KRESTSCHMER

"GRAND LIVRE JAVA"
1er édition Micro Application, 1996, France .

[LL CLP,]   LAURA LEMAY &CHARLES L.PERKINS
" LE PROGRAMEUR"
Edition SMON & Schuster MACMILLAN.

[LL RC,]   Laura Lemay & Rogers Cadenhead

Le PROGRAMMEUR :
JAVA 2PLATE-FORME
INTRODUCTION A JAVA

[YF R, 96]   Yan F .Robichaud
Présentation générale des technologies
Reliées à Java et au World Wide Web
11 Novembre 1996

[DC RC,]   David Crowder **&** Rhonda Crowder
CREE UN SITE WEB
POUR
LES NULS

[JB,]   Jean Brondeau
ITRODUCTION A LA
PROGRAMMATION OBJET
EN JAVA
Cours et exercices

Agent Mobile :
[GB,91]   Guy Bernard
Applications et performances des systèmes d'agents mobiles
1ere conférence française en système d'exploitations(CFSE-1), Rennes, France, juin 1991.

[GH,97]   Glenn Huebscher
A Comparison And Review Of Java Based Mobile Agent Development Frameworks.
Advas90, NCES Programming Languages, December 1997.

[DH LI,]   D.Hagimont, L.Ismail.
Control d'accès dans un système à agents Mobile sur java.
Projet SIRAC(IMAG-INRIA)

[RB,]   *R.Broos.*
Mobile Agent Platform Assessment Report.
MIAMI Project.

[PM MM,99]   Peter Mell, Marck McLarnon.
Mobile Agent Attack Resistant Distrubuted Hierarchical Intrusion Detection System.
National Institute Of Standards and Technologie. October 1999.
La plate-forme Aglets:
[MO GK,97]   Mitsuru Oshima and Guenter Karjoth
The Aglet specification
The IBM research Laboratory Tokyo 1997.

[BA, 03]   Bettahar Aoued.
Le Aglets d'IBM
Université de Montréal Cours IFT6802-H2003.

[PB,03]   Patrice.bellot@iup.univ-avignon.fr.
Les Aglets : des agents en java.
DESS Commerce Electronique/DESS TAII.2002/03.

Détection d'intrusion :
[NF AN,]   Nora Foukia, Alexander Nevski
Modélisation et implémentation d'un système de détection et de réponse aux Intrusions dans un réseau informatique.
Laboratoire Telecom du Centre Universitaire Informatique de l'Université de Genève.

[GF SN, 2000]   G Florin, S Natkin
La Sécurité

[GDG,2000]   Guillaume Des george2000.
La Sécurité des Réseaux.

[ED,]   Erwan Doceux.
Architecture de Détection d'Intrusion par Agent Autonome.
Ecole supérieure de l'électronique de l'ouest Angers France juin 2000.

[RB PM,]   Rebeeca Bace & Peter Mell.
Itrusion Detection System.
[RRn02]   Ryan Russell
Stratégies Anti-Hackers.
2ème édition Eyrolles 2002.

----------WEBIBLIOGRAPHIE-------------

Note : les adresses Internet(URL) suivantes sont valides au 06/06/2005.

Java :
Du C/C++ à Java™
Copyright © **1997-1999, Emmanuel PUYBARET**
La version on-line est disponible uniquement sur http://www.eteks.com
http://www.sourcehtml.com/rebrique.php3?_rebrique=70

http://javaboutique.internet.com/applets/

Cours sur Du C++ A Java
www-igm.univ-mlv.fr/~dr/C_CPP_index.html

Cour java + Exemples
Java de l'esprit à la méthode
http://cui.unige.ch/java/livre/intro.html

La plate-forme Aglets :

Les Agents Mobiles :
GLA 2002
Xavier Rodriguez
Laurent Caillette
http://dess-gla.infop6.jussieu.fr/~caillett/asdk20/index.htm

www.ingramcontent.com/pod-product-compliance
Lightning Source LLC
LaVergne TN
LVHW042351060326
832902LV00006B/541